463

Factum du procez

D'entre M. M. Bernardin d'Espinose Conseiller au Parlement de Bretagne appelant de la presentation, examen, closture, deduction, & de plusieurs articles du compte de tutelle rendu en l'an 1603. par Ian le Garec, à Mathurin Bontard le ieune, Notaire royal à Nantes, & Marie le Garec sa femme: & à Thomas Robo aussi Notaire royal, au nom qu'il procede & consorts, heritiers de deffunct Iullien Chuppeau inthimez.

Et encore ledit sieur d'Espinose appelant de Sentence donnee par le Seneschal du Chapitre dudit Nantes, le 12. Iuin 1598. & demandeur en requeste ciuile en tant que besoin, contre l'aquiessement dudit Garec du dernier de Feburier 1603. à icelle Sentence, & lesdits Bontard & sa femme inthimez & deffendeurs.

Et outre ledit sieur d'Espinose demandeur en sommation, contre Pierre Cheminard Escuyer sieur de Challonge, & Ian de Mazoier aussi Escuyer, & Damoiselle Iane Rocaz sa femme, sieur & dame de Villeserin en leur priué nom, & heritiers beneficiaires de deffunct Ian Rocaz pere de ladite Rocaz deffendeurs.

A

(58)

Et encores ledit sieur d'Espinose deffendeur en interuention, contre Henry de Paluoisin Escuyer sieur de la Bodinatiere demandeur.

ORIGINE ET SVITTE DE l'affaire & procedures.

IL est vray qu'au mois d'Octobre 1579. Alphons le Garec deceda, & auant mourir par son testament ordonna que Isabeau Coustard sa femme, eust la charge d'Antoine, Claude, & Marie le Garec leurs enfans. Suiuant sa volonté ladicte Coustard est instituee tutrice, & en ceste qualité faict proceder à l'inuentaire des biens meubles, argent, cedulles & obligations de la communité dudit deffunct & d'elle, en laquelle elle print vn tiers suiuant l'ancienne Coustume de Bretagne. Six ou sept mois apres la mort de son mary, elle se remarie auec Mathurin Bontard l'aisné, oncle de celuy qui est au procez. Par ce second mariage ayant perdu la tutelle de ses trois enfans; Iean le Garec fils aisné dudit deffunct du premier lict, est crée tuteur de ses frere & sœurs consanguins, au mois de Iuin 1580. & baille pour caution de la tutelle Iullien Chuppeau, auquel il consent acte d'indemnité.

Sur la fin dudit inuentaire le partage est iugé par le Seneschal du Chapitre, des cedulles, obligations, meubles & argent comptant, contenus audit inuentaire, à quoy obeissans lesd. Bontard l'aisné & Coustard sa femme fournissent audit Garec tuteur, trois lotties desdites cedulles & obligations le 15. Iuillet 1580. & à chacune desdites lotties attachent vn estat & grand (c'est à dire declaration entiere) des cedulles & obligations *estimées payables*, qui estoient à partager entre eux de ladite communité.

Sera remarqué comme poinct decisif, que lesdites obligations & cedulles *estimées payables*, representees & mises en trois lotties par ladite Coustard & son mary, ne reuiennent qu'a XI. mil tant de liures. Il est vray qu'il y a trois autres lotties en suitte & en mesme cahier, aussi presentees par ladite Coustard & son mary, de nombre d'autres cedulles & obligations de petites sommes qu'ils tenoient pour douteuses, qui se montent enuiron 2. mil liures. Outre ce les meubles de maison sont mis aussi en trois lotties par ladicte Coustard & sondit mary, qui reuiennent à pareille somme de deux mil liures le tout ensemble se montant enuiron quinze mil liures. A quoy adioustant la somme de neuf mil liures trouuee en argēt comptant apres la mort dudit Alphons, le tout desd. biens meubles, argent, cedulles & obligations, reuenoit à 24. mil liures ou enuiron. Dont ladite Coustard & son mary emporterent le tiers se montāt huict mil liures comme ayant ladite femme pris part à la communité, encores qu'elle ne le d'eust, ainsi qu'il sera monstré cy apres. Les autres deux tiers reuenans à seize mil liures, demeurerent au tuteur & sesdits frere & sœurs mineurs, esquels deux tiers, chacun estoit fondé pour vn quart, se montant quatre mil liures.

Incontinent apres ces partages ainsi faicts, Antoine le Garec decede sans hoirs de corps, ladite Coustard sa mere en est heritiere *ordine turbato*, qui appelle le Garec tuteur pour luy tenir compte. Il le rend deuant ledit Iuge du Chapitre en l'an 1584. & fait recepte en iceluy d'vne quatriesme partie des cedulles & obligations qui luy estoient escheues en partage, & est la charge acceptee Depuis ladite Claude le Garec est mariee auec M. François Padioleau Conseiller au siege presidial de Nātes, ausquels ledit Garec tuteur, fournit en l'an 1585. vn pareil compte que celuy d'Antoine, sur lesquels comptes y ayant eu procez, furent faictes deux transactions, l'vne auec ledit Bontard l'aisné, & Coustard sa femme, par laquelle ils toucherent dudit Garec tuteur, pour raison de la succession mobiliaire dudit Antoine, compris le reliqua dudit compte, quatre mil cinq cens liures ou enuiron. L'autre auec ledit Padioleau, qui reçeut pour les droits mobiliers de sa femme en la succession dudit Alphons le Garec son pere, six mil liures, & outre quinze cens liures par vne quictance à part, de laquelle somme de quinze cens liures ledit Garec se plaignit dés lors, & declara par escrit sur le dos de ladite quictance, qu'il l'auoit payee *à tort & sans cause audit Padioleau, pour acheter paix & repos à sa maison.*

Toutes ces choses s'estans ainsi passees, ledit Garec tuteur vend en l'an 1587. la terre de la Renaudiere à l'appelant pour la somme de 4200. escus. Comme il s'en veut approprier, Chuppeau caution de la tutelle s'oppose, & obtient sentence de declaration d'hypothecque en Ianuier 1589. L'appelant se voyant troublé presse le Garec son vendeur de faire cesser le trouble, qui luy baille caution de 3200. escus qu'il luy auoit remis du pris du contract pour seureté de son acquisition.

En ceste fideiussion entrerent Pierre Cheminard, Iean & Iullien les Rocaz freres, qui s'obligerent solidairement vers ledict appelant, à la restitution de ladicte somme de 3200. escus en cas d'euiction, l'acte est du mois de Mars 1588.

En l'an 1595. Maturin Bontard le ieune ayant espousé ladicte Marie Garec, faict quelques poursuittes contre le Garec tuteur, absent à cause des troubles, à fin de compte. Ceste procedure est cassee & annullee par le traicté, accordé par deffunct Henry le Grand, à feu M. le Duc de Mercœur. En l'an 1598. lesdicts Bontard le ieune & sa femme inthimez recommancent leurs poursuittes; ledit Garec leur presente vn compte pareil aux precedens d'Antoine, & Claude les Garecs, auquel il faict recepte d'vn quart du contenu aux partages faicts

par

par ladicte Coustard leur mere, lesdicts Bontard & sa femme inthimez feignent ne se contenter dudit compte, en demandent la reformation, & disent qu'il doit prendre charge au desir de l'inuentaire; surquoy y a Sentence du Iuge du Chapitre, par laquelle ledit Garec tuteur est condamné de reformer son compte, & se charger au desir de l'inuentaire, de laquelle s'estant porté appelant au Parlement de Bretagne, il acquiesce à ladicte Sentence le dernier Feburier 1603. au lieu de faire iuger son appel. Contre ceste Sentence l'appelant s'est pourueu incidemment par appel, & contre ledit acquiescement par requeste ciuille, le tout en tant que besoin. Ayant ledit tuteur ainsi acquiescé en faueur des inthimez, il faict cession de biens à tous ses crediteurs le 9. d'Auril de la mesme annee 1603. Deux mois apres, sçauoir le 27. Iuin, il presente vn nouueau compte aux inthimez, & aux heritiers de feu Chuppeau caution de la tutelle, les autres crediteurs non appelez. Par la closture & deduction duquel du 2. Aoust ensuiuant 1603. ledit tuteur au moyen de la recepte excessiue & double, bien verifiee au procez, se trouue redeuable ausdits Bontard & sa femme intimez de 10000. escus, au lieu de quinze cens & deux mil escus qu'il s'estoit trouué deuoir par l'issue desdicts deux premiers comptes, pour auoir payement de laquelle somme ils poursuiuent les heritiers dudict Chuppeau, & lesdicts heritiers l'appellant en vertu de leur pretendue Sentence de declaration d'ypothecque, à fin d'indiquer biens appartenans au Garec. Quicter la terre ou payer.

Ledit appelant ayant eu communication dudit compte, & recogneu lesdictes collusions, fraudes & tromperies d'iceluy faictes en son absance & à son preiudice, & que desia lesdicts Bontard & sa femme inthimez auoient touché de Garec, comme ils en sont d'accord au procez, la somme de 7500. liures, autant que Padioleau & la sienne qui est plus qu'il ne leur appartient. Il se porte appelant de la presentation, examen, closture & deduction dudit compte, & de plusieurs articles particulieres d'iceluy, & soubs la cause d'appel, faict appeler en sommation lesdicts Cheminard Rocaz & Mazoier & sa femme pour potter l'euenement du procez, iusques à la concurrence de 3600. liures restans de la fideiussion de 9600. liures.

Le procez en estat de iuger de la part de l'appelant au Parlement de Rennes, Bontard & sa femme le veulent euoquer, l'appelant consent l'euocation, par arrest du Conseil de l'an 1606. ledit procez est euoqué, & renuoyé en la Cour auec ses circonstances & despendances; despens reseruez. Où depuis la cause ayant esté retenuë, & le procez de rechef mis en estat de iuger par l'appelant, tant és appellations qu'instances de sommation & requeste ciuille, ledit Henry de Paluoisin presente sa requeste à ladite Cour au mois de Mars 1618. pour estre receu partie interuenante. Sur laquelle interuention les parties ont esté appointees en droict par M. des Landes Conseiller, Rapporteur du procez; suiuant ce reglement elles ont escrit & produict de toutes parts les moyens desdictes parties, tant en ladicte interuention que sommation; seront deduicts apres ceux d'appel, & de requeste ciuille.

APPELLATIONS ET REQVESTE ciuile.

Or en ce qu'est de l'appel interiecté de la presentation, examen, closture & deduction du compte, l'appelant cotte vn grief sans responce, sçauoir que le Garec tuteur, ayant fait cession de biens le 9. Auril 1603. n'estoit plus partie legitime pour rendre ledit compte, & falloit appeler ses crediteurs pour ce faire, estant certain en droict que *bonorum appellatione actiones tam actiuæ quam passiuæ ve-*

niunt, sunt in bonis & partem bonorum faciunt, & que ledit Garec par ladicte cession les auoit transmises en sesdits crediteurs.

A cela Bontard & sa femme disent deux choses, la premiere que *cessio bonorum interdictionem non imponit*, & qu'il ne s'en trouuera loy, ce sont les termes de leurs premiers contredicts; la seconde qu'il a esté satisfaict aux crediteurs, d'autant que les heritiers de Chuppeau caution de la tutelle y ont esté appelez.

Pour respondre au premier poinct, l'appelant dit qu'il y a des textes si expres en droict pour monstrer que celuy qui cedde ses biens ne peut auoir l'exercice d'aucunes actiōs actiues ny passiues, que lesdicts inthimez ont tort d'en douter; le premier se prent de la l. *item si vnus ff. de recep. qui arb. recep.* où le Iurisc. dit ces mots decisifs, *itē si vnus ex litigatoribus bonis cedat, non est cogendus arbiter sententiam dicere, cum nec agere nec conueniri possit.* L'appelant peut en alleguer encore vn autre pris des Institutes, *tit. de replicat.* sur la fin où l'Empereur dit *si debitor qui bonis cessit conueniatur à creditore, tutus est exceptione quia bonis cessit.* En voila assez pour monstrer qu'vn cessionnaire ne peut agir ny defendre apres la cession, & si ledit Garec n'eust eu dessein d'enrichir iniustement Bontard & sa femme aux despens de ses crediteurs; il se pouuoit exempter de la reddition dudit compte, & leur en laisser la charge.

Pour le second poinct l'appelant ne dira pas que si le Garec eust esté personne capable de rendre ledit compte que non, ce n'ait esté bien faict d'y appeler les heritiers de Chuppeau caution pour garder l'ordre, aussi qu'ils y auoient en apparence quelque interest, sans interest toutefois, attendu leur pretendu recours. Mais il faut aussi que tous lesdits inthimez recognoissent que les autres crediteurs dudit Garec, entre autres l'appelant deuoit estre appelé pour y assister, puis que depuis ledit compte examiné, clos & arresté, lesdicts heritiers de Chuppeau l'ont faict adiourner pour payer le reliqua d'iceluy, ou quicter sa terre de la Renaudiere. On ne peut pas cotter vn interest plus formel que celuy là. Aux premieres procedures entre Bontard, & eux touchant le payement d'vne prouision de 500. escus adiugez audit Bontard contre le Garec tuteur, faute de tenir compte durant les troubles; ils n'y auoient pas manqué, comme il est verifié par la huictiesme piece produicte par Bontard en son addition à la cotte A A A, qui est vne Sentence du 2 . Feburier 1597. & autres pieces suiuantes de ladicte cotte, esquelles la partie se trouue liee auec tous ceux qui sont auiourd'huy en cause, sçauoir Bontard & sa femme, Chuppeau, d'Espinose, Cheminard & Rocaz. Et c'est enquoy ledit appelant monstre qu'il y a eu de la collusion: car puis que lesdicts heritiers de Chuppeau pretendoient vn recours contre luy, ils deuoient par raison le faire sommer, & ne l'ayans faict seront s'il plaist à la Cour declarez descheus de leurdit recours.

Quant aux appellations des articles particuliers du compte, la grande batterie se rencontre au premier article du chapitre de la recepte dudit compte, auquel ledit Garec se charge de la somme de huict mil tant de liures pour vne sixiesme partie du sommaire de l'inuentaire fait par ladite Coustard premiere tutrice, qui se monte cinquante mil liures.

Le premier grief de l'appelant est que ledit Garec quand il auroit peu rendre ledit compte, n'a deu se charger au desir dudit inuentaire, ains d'vne quatriesme partie seulement des cedulles, obligations, meubles, & argent comptant, escheuz audit Garec tuteur, par les partages qui en furent faits entre Isabeau Coustard & Bontard l'aisné son mary d'vne part, & ledit Garec d'autre, en l'annee 1580. d'autant que ledit inuentaire ayant esté fait par vne mere tutrice qui auoit intention de se remarier, ce qu'elle fist six ou sept mois apres le decez de son premier mary Alphons le Garec, *& sic intra annum luctus*, ledit Garec second tuteur, n'estoit tenu ny obligé d'en suiure la confusion.

Ioint

Ioint que par nombre d'actes precedens & subsequés la conclusion dudit inuentaire, entre autres ledit partage & lotties par elle faictes & presentees audit Garec en iugement, elle recognoissoit que de toutes les obligations & cedulles contenuës audit inuentaire, il n'y en auoit de payables que cellesqu'elle auoit employees audit partage: & quand il n'y auroit au procez que ces deux pieces, & que la question seroit à iuger à laquelle il se faudroit arrester, il n'y a doute, sauf correction, que ledit partage ne l'emportast au dessus de l'inuentaire, puis que c'est la separation & triage des bonnes debtes dudit inuentaire d'auec les mauuaises. Iceluy partage faict apres meure deliberation par ladicte Coustard mere & premiere tutrice assistee dudit Bontard l'aisné son nouueau mary, & presenté en iugement comme dit est, & c'est vne trop grande & trop iniuste rigueur à Bontard & sa femme inthimez vouloir assubiectir les creanciers du Garec à autres loix que celles qui ont esté receuës & pratiquees en leur famille.

Mais on n'en est pas demeuré audit partage, car depuis led. Garec à rendu deux comptes, l'vn à ladite Coustard heritiere *ordine turbato* dudit Antoine le Garec son fils, auquel il ne s'est chargé que d'vne quatriesme partie desdictes cedulles, obligations & meubles à luy escheus en partage, laquelle charge a esté acceptee par lesdicts Bontard l'aisné & Coustard sa femme, sans qu'ils ayent demandé qu'il eust faict recepte au desir de l'inuentaire.

L'autre à Padioleau & sa femme Claude le Garec, duquel ils ne demanderent oncques la reformation. Ces comptes geminez auec les transactions sur iceux qui confirment ledit partage, rendent la chose du tout sans difficulté.

Contre ce que dessus Bontard le ieune & sa femme inthimez alleguent vne fin de non receuoir, fondee sur la Sentence du XII. Iuin 1598. par laquelle il est ordonné que le Garec prẽdra charge au desir de l'inuẽtaire, & l'arrest d'acquiescement à icelle du dernier Feburier 1603. mais à cela on dit & est vray, que le tout s'est fait par collusion entre le frere & la sœur, le frere banqueroutier & ruyné, & la sœur qui n'a enfans, & de laquelle ceux du Garec sont presomptifs heritiers.

L'appelant non ouy ny appelé, qui s'est pourueu par requeste ciuile, en tant que besoin cõtre led. acquiescement & par appel contre ladicte Sentence. Les moyens de requeste ciuile & d'appel, sont les raisons cy dessus trespertinentes, sauf correction, en la suppression desquelles la collusiõ du Garec est manifeste audit acquiescement, & le mal iugé en ladicte Sentence.

Lesdits inthimez disent outre deux choses, la premiere que c'est l'ordinaire des tuteurs de rendre compte à leurs mineurs au desir de leurs inuentaires: La seconde que les partages & comptes faits depuis l'inuentaire ne leur peuuent preiudicier, parce que ce sont *res inter alios actæ, &c.*

Ausquelles y a response, Premierement que leur maxime touchant les comptes au desir des inuentaires se doit entendre, s'il n'y a eu partage des biens contenus audit inuentaire, auquel cas ne faut faire recepte que de la part des mineurs, autrement seroit se charger du bien d'autruy que le tuteur n'a pas. En second lieu, le partage manquant, ladite maxime se doit entendre des tuteurs qui ont fait faire lesdits inuentaires, *l. vlt. C. arb. tut. & ibi glossa in verbo inscripserit.* mais icy ce n'est pas le Garec qui a fait proceder à l'inuentaire, c'est la mere Coustard, premiere tutrice qui l'a fait grand & ample, affin de se remarier comme elle fit incontinent. Or que le faict de la mere premiere tutrice puisse obliger le second tuteur à faire toutes les parties dudit inuentaire bonnes, ne l'estant, comme elles ne le sont en verité, cela est hors de toute apparence: & toutesfois le Garec par son compte celant malicieusement lesdits partages, fait valoir tout le contenu audit inuentaire & le fait monter, y compris le prodigieux erreur de calcul, rapporté en la deduction dudit compte, à soixante & seize mil liures en principal, sans comprendre les interests: au lieu que par iceux partages ladicte Coustard & Bontard l'aisné son mary, auoient reduit le tout des cedulles & obligations payables, meubles & argent comptant à vingt & quatre mil liures, de laquelle, comme il a esté dit cy dessus, il n'appartenoit aux intimez qu'vn quart des deux tiers, se montant 4000 liures seulement, à laquelle somme falloit arrester la charge dud premier article cõme on auoit fait aux precedens comptes d'Antoine & Padioleau.

Quant à la seconde raison que lesdits partages, comptes & transactions, *sunt res inter alios actæ &c.*

L'appelant respond que ce qui a esté faict entre ladite Coustard & Bontard l'aisné, mere, beau-pere & oncle des inthimez, & Padioleau Conseiller Presidial leur beau-frere, & le Garec leur tuteur, ne peut estre dit *res inter alios .i. extraneos acta,* puis que ce sont personnes principales de la famille hors de tout soubçon consorts des inthimez, qui auoient autant & plus d'interest aux biens d'Alphons le Garec que lesdicts inthimez.

De dire que Bontard l'aisné & Coustard sa femme, & Padioleau se sont laissez tromper par le Garec, la qualité des personnes & la preuue cy apres du faict contraire, sçauoir que ledit Garec fut trompé par sa Nouerque ladite Coustard qui supprima son contract de mariage, & autres actes de la succession resistent à celà.

Et à prendre les choses au pis, si ladicte maxime *res inter alios acta aliis non nocet* a lieu pour eux, elle le doibt aussi auoir pour l'appelant, qui n'ayant esté present ny appelé au compte dont est question, n'est par consequent tenu, ny de quicter sa terre pour le reliqua d'iceluy, ny de le payer.

Et pour le regard du Garec ayant partagé & traicté auec les susdits en qualité de tuteur, il est certain que les inthimez ses mineurs ne peuuent venir contre son faict, & n'en peuuent mesmes estre releuez, quand ils le voudroient, apres les dix ans de la maiorité qui sont passez & quinze par dela. Bontard est d'accord par ses derniers contredicts, que l'inthimee sa femme a pres de 50. ans.

Il y a encore vne autre raison tres pertinente; c'est que le Garec ayant pris charge d'vn sixiesme du tout de l'inuentaire, il s'est chargé de ce qu'il n'auoit pas & ne pouuoit auoir, puis que par ledit partage la mere auoit emporté de son chef vn tiers par espece desdictes cedulles, obligations & meubles ayant pris à la communité, lequel tiers il falloit distraire necessairement pour ne compter du bien d'autruy: les inthimez ne pouuans respondre à ce moyen font semblant de ne l'entendre pas.

Au fond pour leuer toute difficulté & faire voir clairement & par le menu qu'il n'y auois de bonnes debtes en l'inuentaire que celles qui sont entrees audit partage, & qu'il faut retrancher dudit inuentaire, Premierement 4000. liures sur les cedulles de Coutour en vertu d'vne quictance dudit Alphons le Garec de pareille somme, & du surplus desdictes cedulles payer 18000. liures à Françoise le More, reuenans lesdictes deux parties à 23000. liures, plus 3177. liures deuës par Abel Giraud, mort insoluable notoirement, plus 4000. liures restans de la vente de l'estat de controlleur du pere au fils: plus 2000. liur. de la debte de Guillaume le Maire Seneschal de Nantes, plus 10400. liures de la partie de Ruiz deuë au fils Iean le Garec & non au pere Alphons, plus 1500. liures prins par ladite Coustard premiere tutrice pour payer les frais des funerailles, bastimens & gages des seruiteurs, plus 1200. liures pour la fondation dudit feu Alphons, plus 2000. liures pour les cedulles de Ruellan, plus 2200. liures pour les cedulles de Boucher commis de feu sieur Miron Thresorier de France en Bretagne, plus 700. liures pour les cedulles d'vn nommé de Gilles insoluable, plus 2000. liures & dauantage pour vne infinité de petites parties acquictees, prescriptes & deuës par personnes aussi insoluables : plus 630. liures contenuës en treize obligations trouuees apres le decez dudit tuteur entre ses papiers; toutes lesquelles sommes reuiennent à cinquante & trois mil liures & plus, comme il est verifié amplement par la premiere production de l'appelant és cottes HH, II, KK, LL, MM, NN, & OO, & par la seconde en la deuxiesme piece de la cotte HH HH, où sont contenuës les defenses du Garec touchant les 10000. liures de Ruiz, laquelle somme de 53000. liures deduicte dudit inuentaire, il est clair comme le iour que quand il se monteroit soixante & quinze voire soixante & seize mil liures, en cedulles, obligations, meubles & argent comptant, il n'en resteroit pas 24000 liures de bon, à laquelle neantmoins se montent les partages desdites cedulles & obligations estimees payables, les douteuses, meubles & argent comptant.

Contre ces partages les intimez n'ont rien dit du tout sinon qu'ils ne sont qu'vne visee, contredit impertinent, sauf correction, contre vn acte iudiciel authentique & decisif.

Et pour reuenir aux cedulles de Contour & de Ruiz, ausquelles les intimez font en fin aboutir toutes leurs pretentions en leur addition aux cottes LLL, & MMM demeurans d'accord (chose remarquable) que les autres parties cy dessus ne doiuent entrer au sommaire de l'inuentaire. Ils se contentent de dire que le Garec les a friponnees, contre la teneur des actes produicts par l'appelant en sa premiere production aux cottes R. & S. par lesquels est verifié que lesdites cedulles de Contour, estoient en partie acquittees, s'estant trouué vne quictance dudit Alphons de 4900. liures & que les 6000. escus restans furent payez à Françoise le More, à laquelle estoit deu plus grande somme par ledit feu Alphons le Garec, à cause de la ferme des imposts & billots, en laquelle elle auoit part.

Et en sa seconde production à la cotte HHHH, où se voit au cahier des deffenses du Garec contre les moyens d'opposition de Bontard l'aisné & sa femme (esquels ils n'oublierent rien) que la somme de 10000, liures contenuë en laditte cedulle de Ruiz appartenoit audit Ian le Garec en priué nom, sans que les mineurs ny la veufue y eussent droict, mesme que ladite cedulle estoit au nom du fils & non de son pere Alphons.

Et tant s'en faut que ledit Garec ait rien friponné ou desrobé, qu'au contraire l'appelant fait voir en sadite seconde productiō à la cotte QQQQ, que dés l'an 1581. ledit Garec accusa ladicte Coustard sa nouerque & Bōtard l'aisné son mary, mere & oncle des intimez & desquels ils sont heritiers, d'auoir desrobé & soustraict le contract de mariage d'entre ladite Coustard & Alphons le Garec par le recellement & suppression duquel elle emporta le tiers des biens de leur communité, en laquelle elle ne deuoit auoir aucune part, fors mil ou 1200. liures seulement. Ce qui est grandement considerable & important au iugement du procez, parce que lesdits intimez en ladite qualité d'heritiers de ladite Coustard, sont suiects au rapport dudit tiers, qui se montera tousjours plus que leurs iniustes pretensions.

Contre les actes produicts à ladite cotte QQQQ. les inthimez n'ayans rien à dire en leurs seconds contredits, vomissent des iniures contre l'appelant & se mettent en colere, *sed qui irascitur accusator est sui.*

A tout ce que dessus adioustant la double charge prise par ledit tuteur és 3. 4. 5. 6. 7. & 8. articles de la recepte dudit compte recogneuë par les inthimez. Et le prodigieux erreur de calcul dudit inuentaire qu'on faict aller à soixante mil liures en principal & interests, dont on leur adiuge dix mil liures pour leur sixiesme partie, qui ne se peut soustenir par les raisons cy dessus, prises du partage des cedulles & obligations, des deux premiers comptes d'Antoine & de Padioleau, & des deux transactions en suitte, mesmes par la confession desdicts inthimez en leur addition aux cottes LLL & MMM. L'appelant espere de la bonté & Iustice de la Cour, que tout sera cassé, reiecté & annullé, & ordonné qu'il sera tenu compte de nouueau par les crediteurs du Garec, & lesdits inthimez condamnez aux despens des causes d'appel, requeste ciuile & euocation reseruez, & outre de l'instance de sommation, & en vne amende extraordinaire, telle qu'il plaira à la Cour, pour l'induë vexation iniures & contumelies couchees par leurs escrits. Sauf à la Cour pour l'interest public à proceder extraordinairement contre lesdicts inthimez, suiuant l'Ordonnance de l'an 1609. contre les banqueroutiers & cessionnaires & leurs fauteurs, qui contre verité se disent leurs creanciers tiree en partie de la l. *falsus creditor qui se dicit creditorem cum non sit, furtum committit, ff. de furt.* Il y a grand nombre d'autres appellations sur ledit compte qui tendent à mesme fin de casser & annuller ce que faict a esté, desquelles l'appelant ne fera icy mention, crainte d'estre trop long & ennuieux: *Suppliera* neātmoins tres-humblement la Cour où elle voudroit les iuger au particulier, prendre la peine de voir & considerer ce qu'il a escrit & produit sur chascun article appelé.

INSTANCE DE SOMMATION.

Venant à la sommation contre Cheminard & de Mazoier & sa femme, l'appelant produit vne Sentence du 27. Feburier 1588. par la laquelle il fut condamné de payer par prouision au Garec 3200. escus qu'il auoit entre mains des deniers de la vente de la Renaudiere, baillant caution de les rendre en cas d'euiction. Plus l'acte iudiciel contenant la fideiussion du 5. Mars ensuiuāt, en laquelle entrerent Pierre Cheminard pere, & Ian & Iullien les Rocaz, qui s'obligerent solidairement &c. Plus la quictance du payemēt par luy fait audit le Garec deladite somme de 3200. escus sur l'asseurance desdites cautions. Plus autre Sentence du 29. Auril 1591. par laquelle l'appelant fut condamné de payer les sommes pretendues par Roussillon, Laubier, Macé & Gicqueau, crediteurs du Garec, & opposans à son appropriment, & faisant droict en son recours furent lesdits Cheminard & Iean Rocaz condamnez luy rendre ladicte somme de 3200. escus, si mieux ils n'aymoient payer lesdits opposans. Plus l'arrest confirmatif de ladite Sentence sur l'appel interiecté par lesdites cautions. Ledit arrest du 18. Iuin 1592. depuis lequel arrest lesdits Cheminard, Rocaz & Mazoier cautions, ayans de nouueau interiecté appel de ladite Sentence du 29. Auril 1591. & iceluy releué en la Chambre de l'Edict, & pris requeste ciuille contre ledit arrest du 18. Iuin 1592. mesme s'estans inscripts en faux contre la Sentence du 27. Feburier 1588. par arrest donné en la Chambre de l'Edit le 5. Feburier 1611. ils furent premierement debouttez du faux, & condamnez aux despens. Plus debouttez de leur requeste ciuile & condamnez aux despens & en vne amende, moitié au Roy & moitié à la partie, & en leurs appellations declarez sans grief, & encores condamnez aux despens & en l'amende, & ladite Sentence du 29. Auril qui n'estoit que prouisoire, declaree diffinitiue. Depuis lequel arrest en a encores esté donné deux en l'an 1614. par lesquels lesdits Cheminard & de Mazoier & sa femme, sont condamnez interuenir au procez de Bontard, & soy ioindre, soustenir l'appel & descharger l'appelant de ce qui est pretendu par Bontard, fournir & contribuer aux fraiz, & en cas d'euiction sont condamnez acquicter, garentir & indemniser l'appelant de ce qui reste à payer de la fideiussion & aux despens, en demandant & defendant depuis la sommation & aux despens de l'instance. Plus y a deux autres arrests donnez contre lesdits Cheminard & Mazoier, le 7. Septembre 1618 par lesquels le procez est baillé pour repris au lieu desdits Cheminard pere, & Ian

Rocaz

Rocaz decedez. Pour le regard desdits de Mazoier & sa femme, ils se sont laissez forclorre de produire, sçachans bien n'auoir que tenir. Mais quant à Cheminard, tout ce qu'il pretend, est d'estre condamné en qualité d'heritier par benefice d'inuentaire de son pere, laquelle qualité luy est contestee, parce qu'il y a plus de 18. ans qu'il est heritier pur & simple de sondit pere & iouyssant de ses biens par demission, dont l'acte est produit par ledit sieur d'Espinose, en ladite instance de sommation sur la fin de l'inuentaire.

INTERVENTION.

Et pour ce qui est de l'interuention de Paluoisin demãdeur, il conclud par sa production à ce que la terre de la Renaudiere acquise par le defendeur dudit le Garec le 9. Nouembre 1587. luy soit declaree affectee & hypothequee au payement de 8000. liures, faisant le tiers de 24000. liures contenues en vne obligation du 4. Iuin 1583. dommages & interests pour estre vendue, & les deniers en prouenans distribuez audit demandeur selon son hypotheque.

Et dit pour ses moyens, qu'en l'an 1583. ledit 4. Iuin Françoise le More son ayeulle maternelle, Iullien Rocaz & ledit le Garec, s'obligerent solidairement de ladicte somme de 24000. liures, à deffuncts Nicolas Fiot, Iean Rocaz, & Georges Chrestien, aux droicts duquel Chrestien Damoiselle Bõne de Troye, a esté depuis subrogée.

Que les heritiers de ladite le More, & ledit demandeur entre autres, comme heritier de son pere, ont esté poursuiuis par ladicte de Troye & Ian Rocaz pour lad. somme & condamnez par plusieurs arrests de payer les deux tiers d'icelle en principal, dommages & interests & despens, qu'en execution desdits arrests il se seroit faict vne transaction à Angers au mois d'Aoust 1607. par laquelle les Damoiselles de Contour heritieres de ladite le More & leurs maris, se sont obligez à ladicte de Troye & Rocaz en grandes sommes de deniers, au payement desquelles on poursuit ledit demandeur, & qu'on le presse de telle façon qu'il est contraint de former la presente action.

A laquelle le deffendeur oppose premierement 4. fins de non receuoir.

La 1. prise des dattes de ladicte obligation du 4. Iuin 1583. & de la requeste du demandeur affin d'interuenir du 6. Mars 1618. entre lesquels dattes y a pres de 35. ans, temps plus que suffisant par disposition de droict & de coustume pour prescrire vne action personnelle qui ne dure que 30. ans.

La 2. de l'approprimen dudit deffendeur de ladicte terre de la Renaudiere, laquelle ayant acquise du Garec le 9. Nouembre 1587. d'icelle pris possession actuelle l'vnziesme desdits mois & an, & s'en estant approprié suiuant les formes prescriptes par la Coustume de Bretagne, le 17. Decembre ensuiuant 87. & depuis iouy paisiblement de ladite terre plus de 30. ans sans opposition dudit demandeur, sinon depuis le 6. Mars 1618. il n'y a apparence en ladite interuention. Les articles de ladite Coustume 269. 270. & autres au titre des appropriances y sont expres, qui portent, *Qu'apres la certification des bannies, ou l'an & iour d'icelles, nul n'est reçeu opposant, ains est l'acquereur approprié.*

La 3. de ce que quand ledit deffendeur ne se fut approprié par bannies, comme il a fait, il l'estoit tousiours par laps de temps, ayant suiuant l'article de ladite Coustume 272. possedé actuellement & notoirement, ladite terre de la Renaudiere en vertu de son contract d'acquisition dudit 9. Nouembre 1587. & prise de possession de l'vnziesme desdits mois & an, plus de 15. ans entiers sans interruption de la part dudit demandeur.

La quatriesme de ce que Damoiselle Esperance de Contour, ayant en mesme temps que ledit demandeur ſon fils preſenté requeſte en la Chambre de l'Edit à fin d'interruption, euocation du procez, & l'hypothecque ſur ladicte terre en vertu de ladicte obligation du 4. Iuin 1583. elle en fut deboutтее par arreſt du 8. Aouſt 1618. Que ſi le demandeur veut agir *in vim* de ladicte tranſa-ctiõ d'Angers du mois d'Aouſt 1607. il eſt à pareil nõ receuable & mal fondé, d'autant que le Garec n'y eſt denommé ny obligé, & quand cela ſeroit, que non, le defendeur ſe trouueroit premier en hypothecque, ſon cõtract eſtant du mois de Nouembre 1587. vingt ans auant ladicte tranſaction.

On peut adiouſter vne cinquieſme fin de non receuoir, priſe de ce que leſdictes Damoiſelles de Contour & leurs maris ayans ſouffert condemnation par Sentences & arreſts, donnez au profict de ladicte de Troye & deſdicts Iean Rocaz & de Mazoier, & depuis tranſigé auec eux, & payé la debte ou peu s'en faut, ſans appeler le Garec ny le demandeur acquereur de la Renaudiere. Il ny a apparance *finito & terminato negotio* de recercher vn recours & hypothecque ſur ladite terre 30. ans apres ſon acquiſition.

De dire que le defendeur n'eſt pas approprié, parce que Iullien Chuppeau s'oppoſa à ſon approprimẽt, & depuis obtenu Sentence de declaratiõ d'hypothecque, & que l'oppoſition dudit Chuppeau ſert au demandeur. Cela eſt tellement hors d'apparence, & ſi contraire à la raiſon, Couſtume de Bretagne articles ſuſdicts & aduis des interpretes d'icelle, & practique de la prouince, qu'il n'eſt beſoin de s'y arreſter. La Cour prendra s'il luy plaiſt la peine de voir ce que ledit defendeur a eſcript ſur ce ſubiect en ſes ſecondes defenſes & eſcripts en la preſente inſtance d'interuention, éſquels contredicts il dira en paſſant qu'il eſt treſbien prouué qu'en matiere d'interruptions contre approprimens, *non fit extenſio de perſona ad perſonam, de re ad rem & de negotio ad negotium.* Ce qui eſt ſi eſtroictement obſerué audit pays de Bretagne, qu'il n'eſt permis à vn oppoſant qui a fourny ſes moyens d'oppoſition d'y adiouſter, ny iceux eſtendre, en vn mot s'ayder & faire pour ſoy-meſme (qui eſt bien loing de faire pour autruy) apres la ſignification & fourniſſement deſdicts moyens par ceſte vulgaire, *tantum interruptum quantum expreſſum*, comme a eſté remarqué par l'autheur des Controuerſes decidees par arreſts du Parlement de Bretagne, en la ſeconde partie, Controuerſe 33. du liu. 4 où il en rapporte vn arreſt fort expres du 14. Aouſt 1614.

Au fond ledit defendeur a auſſi 4. moyens pour faire deboutter ledit demandeur de ſon interuention.

Le 1. ſe prend de ce que le Garec ne doit rien en verité de ladite obligation, d'autant que Iullien Rocaz gendre de ladicte le More l'vn des coobligez en icelle; le dixieſme dudit mois de Iuin 1583. bailla acte d'indemnité audit Garec, par lequel il recognoiſt que toute ladicte ſomme de 24000. liures a tourné à ſon profit, & que ledit Garec n'eſt interuenu en ladite obligation que pour luy faire plaiſir, promet l'en acquicter, liberer & indemniſer en principal & acceſſoire & par corps.

Le 2. de ce qu'és annees 1588. & 1589. ledit Iullien Rocaz debteur du Garec en vertu dudit acte d'indẽnité, fiſt condamner par deux Sentences du Preuoſt de Nantes prouiſoire & diffinitiue, leſdictes Damoiſelles de Contour, tant comme heritiers de Contour leur pere, que de ladite le More leur mere, en la ſomme de 24000. eſcus & intereſts: de ſorte qu'il eſt deu au debteur du Garec dix fois plus que ne pretend ledit demandeur. Pour contredire ce moyen, ledit demandeur a produict de nouueau vn arreſt du 6. Septembre 1614. mais il ne faict à propos, ſous correctiõ, parce que leſd. Sentences ne ſõt infirmees par ledit arreſt. Outre qu'il y a requeſte ciuille obtenuë par Cheminard contre ledit arreſt, fondee ſur le dol & ſurpriſe de Damoiſelle Suzanne de Contour & de ſon fils, M. Vital Rocaz, laquelle eſt au roolle de la chambre de l'Edit preſte à plaider. Mais au pis aller quãd

ces

ces Sentences ne seroient considerables, quand à present il reste des fins de non receuoir, & autres raisons assez pour faire deboutter ledit defendeur de son interuention auec despens.

Le troisiesme de ce qu'au mois de Septembre 1589. lesdictes Damoiselles de Contour vendirent audit Garec les terres de l'Espinay, Pouencé & de la Barberaye auec promesse de garentage pour la somme de 19500. liures, lesquelles terres ont esté euincees y a 9. ou 10. ans sur ledit Garec & ses enfans par ladicte de Troye comme creditrice desdictes de Contour, filles & heritieres de ladicte le More, & venduës par decret à Loudun, & les deniers prouenans de ladicte vente touchez par icelle de Troye : Desorte que quand l'action du demandeur seroit receuable, que non, il se trouue qu'il est debteur dudit le Garec en priué nom de quatre fois plus qu'il ne pretend.

Le quatriesme de ce que la moitié de ladite terre de la Renaudiere appartenoit à Isabeau Bernard femme dudit Garec venderesse auec son mary, comme acquest d'eux deux approprié, en laquelle moitié ledit demandeur ne peut pretendre hypothecque, ladicte Bernard n'ayant parlé en l'obligation de 83. dont est question, & l'autre moitié luy est obligee suiuant la Coustume de Bretagne art. 439 pour la recompense de ses propres alienez par son mary long temps auant ladite obligation de 83. & se montent plus que l'autre moitié de la Renaudiere.

Monsieur Deslandes Rapporteur.

www.ingramcontent.com/pod-product-compliance
Lightning Source LLC
LaVergne TN
LVHW050510160826
845677LV00003B/1057

* 9 7 8 2 3 2 9 6 2 8 6 0 8 *